# Jeux et activités

Illustrations et conception graphique : Dominique Pelletier

Conception des jeux : Lyne Painchaud

Direction d'édition : Monique Fauteux

© Éditions Scholastic 2006
Tous droits réservés
ISBN : 0-439-94066-4
Imprimé au Canada

DESSIN À COLORIER

2

# LA MAISON

| E | L | E | T | G | A | T | E |
|---|---|---|---|---|---|---|---|
| E | O | N | I | P | R | A | T |
| N | S | T | O | R | E | P | T |
| I | A | R | T | L | G | I | E |
| M | T | E | L | L | A | S | L |
| E | R | E | Y | O | F | S | I |
| H | E | E | L | I | U | T | O |
| C | U | I | S | I | N | E | T |

CHEMINÉE
CUISINE
ENTRÉE
FOYER
PORTE
SALLE
SALON
SOL
STORE
TAPIS
TOILETTE
TOIT
TUILE

(Mot de 6 lettres)

□ □ □ □ □ □

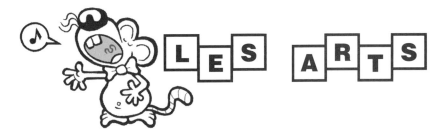

# LES ARTS

| E | L | A | C | I | S | U | M |
|---|---|---|---|---|---|---|---|
| R | R | P | I | O | S | E | R |
| U | E | T | M | T | T | L | P |
| T | T | R | A | R | E | P | O |
| N | S | T | I | E | A | M | R |
| I | U | I | S | T | H | E | T |
| E | B | U | E | O | T | T | E |
| P | M | S | O | N | A | T | E |

BUSTE

CIMAISE

MUSÉE

MUSICALE

NOTE

OPÉRA

PEINTURE

PORTÉE

SONATE

STATUE

TEMPLE

THÉÂTRE

(Mot de 8 lettres)

☐ ☐ ☐ ☐ ☐ ☐ ☐ ☐

4

# TROUVE CINQ DIFFÉRENCES!

5

# D'UN POINT À L'AUTRE

## RELIE LES NOMBRES IMPAIRS SELON L'ORDRE CROISSANT

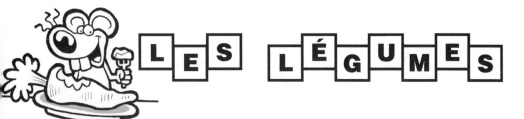

# LES LÉGUMES

| | | | | | | | | |
|---|---|---|---|---|---|---|---|---|
| O | I | H | C | C | I | D | A | R |
| B | R | O | C | O | L | I | C | A |
| E | E | R | O | C | I | H | C | G |
| T | E | V | A | N | O | N | C | A |
| T | O | C | I | R | A | H | O | B |
| O | M | R | A | D | I | S | B | A |
| R | R | S | I | A | N | A | P | T |
| A | L | A | I | T | U | E | E | U |
| C | H | O | U | F | L | E | U | R |

**BROCOLI**

**CAROTTE**

**CHICORÉE**

**CHOU-FLEUR**

**HARICOT**

**LAITUE**

**NAVET**

**PANAIS**

**RADICCHIO**

**RADIS**

**RUTABAGA**

(Mot de 9 lettres)

# BRICOLAGE

| M | O | U | A | E | C | N | I | P |
|---|---|---|---|---|---|---|---|---|
| E | I | O | S | E | R | C | N | E |
| E | L | I | U | H | D | E | L | G |
| L | E | T | S | A | P | E | C | A |
| L | E | A | S | A | E | S | R | L |
| E | N | C | I | R | E | S | A | L |
| C | I | H | T | G | T | E | I | O |
| I | A | E | V | E | R | R | E | C |
| F | L | E | R | E | I | P | A | P |

ART
CIRE
CISEAU
COLLAGE
CRAIE
ENCRE
FICELLE
HUILE
LAINE
PAPIER
PASTEL
PINCEAU
PRESSE
SOIE
TACHE
TISSUS
VERRE

(Mot de 8 lettres)

# TRANSPORTS

| V | I | A | D | U | C | A | U | E |
| E | I | R | O | U | E | T | S | T |
| L | N | X | Y | A | O | N | I | U |
| U | O | T | A | E | E | O | M | O |
| C | I | N | W | T | R | I | R | R |
| I | M | O | M | A | A | V | E | O |
| H | A | P | A | B | G | A | P | T |
| E | C | A | R | E | I | O | V | U |
| V | O | I | T | U | R | E | N | A |

AUTOROUTE
AVION
BATEAU
CAMION
CAR
GARE
PERMIS
PONT
ROUE
TAXI
TRAMWAY
VÉHICULE
VIADUC
VOIE
VOITURE
WAGON

(Mot de 4 lettres)

| | | | |
|---|---|---|---|

9

# D'UN POINT À L'AUTRE

**RELIE LES CHIFFRES SELON L'ORDRE CROISSANT.**

ÉCRIS ENSUITE LE NOM DE L'ANIMAL DANS LES CASES.

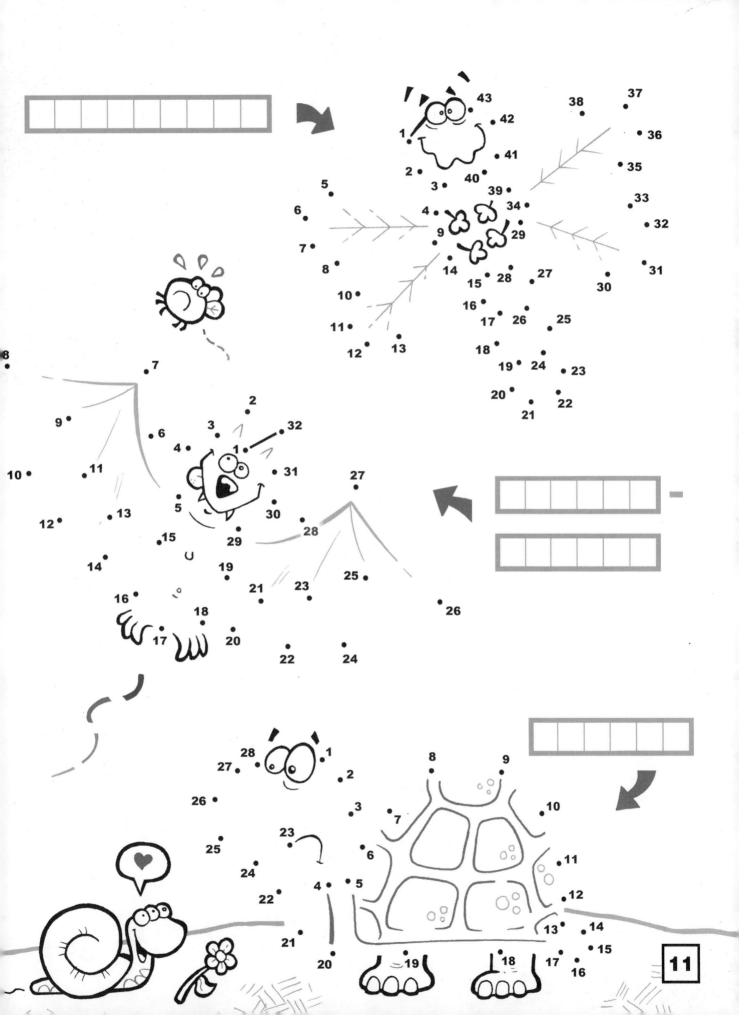

DESSIN À COLORIER

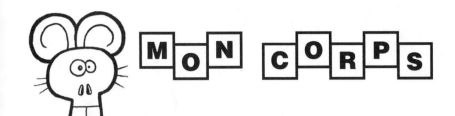

# MON CORPS

| O | R | T | E | I | L | S | A | R | B |
|---|---|---|---|---|---|---|---|---|---|
| N | N | O | M | U | O | P | C | S | P |
| G | U | N | E | Z | D | A | Q | C | I |
| L | A | E | U | G | M | O | U | E | E |
| E | E | L | N | O | E | I | I | F | D |
| G | V | C | T | I | S | N | R | G | L |
| N | R | S | O | S | E | E | O | E | T |
| A | E | U | E | U | N | V | T | U | T |
| S | C | M | B | O | U | C | H | E | E |
| G | O | R | G | E | N | I | R | A | N |

BOUCHE
BRAS
CERVEAU
COU
CUISSE
DOIGT
ESTOMAC
GENOU
GORGE
MUSCLE
NARINE
NERF
NEZ
ONGLE
ORTEIL
PIED
POUMON
SANG
VEINE

(Mot de 9 lettres)

□ □ □ □ □ □ □ □ □

# LABYRINTHE

# L'ORDINATEUR

| L | U | A | E | S | E | R | E | F |
|---|---|---|---|---|---|---|---|---|
| E | M | U | L | O | V | E | M | E |
| I | E | C | L | A | V | I | E | R |
| C | V | T | I | W | N | S | T | I |
| I | I | I | E | A | C | S | S | O |
| G | V | B | R | M | H | O | Y | M |
| O | J | C | E | U | I | D | S | E |
| L | E | N | E | R | S | O | N | M |
| R | U | D | E | U | Q | S | I | D |

BIT

CLAVIER

DISQUE DUR

DOSSIER

ÉCRAN

JEU

LOGICIEL

MÉMOIRE

MENU

RÉSEAU

SON

SYSTÈME

VIRUS

VIVE

VOLUME

WEB

(Mot de 7 lettres)

□ □ □ □ □ □ □

# GÉOGRAPHIE

| S | A | E | R | O | L | F | E | F |
|---|---|---|---|---|---|---|---|---|
| E | F | F | L | E | R | J | C | M |
| D | V | A | N | N | E | O | R | O |
| I | A | U | A | I | L | R | U | N |
| M | L | N | E | A | I | D | O | T |
| E | L | E | C | L | E | C | S | A |
| N | E | U | O | P | F | I | S | G |
| T | E | R | R | E | E | P | E | N |
| N | T | R | I | V | I | E | R | E |

FAUNE

FJORD

FLORE

MONTAGNE

OCÉAN

PIC

PLAINE

RELIEF

RESSOURCE

RIVIÈRE

SÉDIMENT

TERRE

VALLÉE

(Mot de 8 lettres)

☐ ☐ ☐ ☐ ☐ ☐ ☐ ☐

16

# D'UN POINT À L'AUTRE

**RELIE LES LETTRES SELON L'ORDRE ALPHABÉTIQUE.**

# UNITÉS DE MESURE

| E | A | M | P | E | R | A | G | E |
|---|---|---|---|---|---|---|---|---|
| I | V | O | L | T | A | G | E | R |
| N | L | L | I | N | H | R | M | T |
| N | S | E | T | G | E | A | I | E |
| E | I | T | R | A | R | M | N | M |
| C | E | T | E | L | T | M | U | O |
| E | C | A | U | L | Z | E | T | L |
| D | L | W | J | O | U | L | E | I |
| S | E | C | O | N | D | E | X | K |

AMPÉRAGE
DÉCENNIE
GALLON
GRAMME
HERTZ
JOULE
KILOMÈTRE
LITRE
LUMEN
MINUTE
MOLE
SECONDE
SIÈCLE
VOLTAGE
WATT

(Mot de 3 lettres)

☐ ☐ ☐

# LA VIE DE CHÂTEAU

A _ M _ I R I _ _

Emblèmes d'une
famille royale

CÉ _ _ MO _ _ E

Solennité

_ HE _ ALI _ _

Guerrier à cheval

COMPLÈTE LES
MOTS SUIVANTS
EN TE SERVANT
DES INDICES.

_ OU _ _

Espace ouvert situé
à l'intérieur des murs
du château

É _ U _ IE

Endroit où l'on garde
les chevaux

_ AL _ _ S

Château

_ ON _ - L _ _ IS

Pont qui peut se lever

_ RIN _ ESS _

La fille du roi

_ È _ _ E

Période pendant
laquelle le roi est
au pouvoir

_ EI _ _

Femme du roi

_ CE _ U

Cachet officiel du roi

_ U _ E _

Personne soumise
à l'autorité du roi

| E | S | I | V | E | L | T | N | O | P |
|---|---|---|---|---|---|---|---|---|---|
| S | U | E | C | P | T | O | T | U | R |
| S | A | I | I | E | A | R | R | E | E |
| E | E | R | J | R | O | L | I | O | I |
| C | C | U | U | N | I | L | A | N | N |
| N | S | C | E | O | A | O | N | I | E |
| I | E | E | T | V | C | M | M | E | S |
| R | N | O | E | E | N | G | E | R | T |
| P | U | H | T | U | T | E | U | R | A |
| R | C | E | R | E | M | O | N | I | E |

TO _ R

Grand bâtiment
étroit tout en
hauteur

T _ Ô _ E

Siège du roi

T _ TE _ _

Il se charge de
l'éducation de
la princesse.

CHERCHE
ENSUITE CES
MOTS DANS
LA GRILLE.

(Mot de 12 lettres)

ARRIVÉE

21

# ALERTE MÉTÉO

| E | L | U | C | I | N | A | C | D | P |
|---|---|---|---|---|---|---|---|---|---|
| H | U | M | I | D | I | T | E | R | O |
| N | E | T | N | E | V | D | C | A | L |
| A | L | E | O | D | A | F | L | L | L |
| G | E | E | I | N | O | S | A | L | U |
| A | R | A | R | U | N | S | I | I | T |
| R | G | O | D | U | L | E | R | U | I |
| U | T | R | A | T | R | P | R | O | O |
| O | E | G | S | M | O | G | E | R | N |
| S | E | T | E | P | M | E | T | B | E |

**BROUILLARD**

**CANICULE**

**ÉCLAIR**

**FOUDRE**

**GRÊLE**

**HUMIDITÉ**

**NUAGE**

**OURAGAN**

**PLUIE**

**POLLUTION**

**SMOG**

**TEMPÊTES**

**TONNERRE**

**TORNADE**

**VENT**

(Mot de 8 lettres)

☐ ☐ ☐ ☐ ☐ ☐ ☐ ☐

# D'UN POINT À L'AUTRE

RÉSOUS LES ADDITIONS, PUIS RELIE LES POINTS
SELON L'ORDRE CROISSANT.

1

1+1=

2+2=

1+2=

8+9=

4+2=

3+2=

6+10=

5+10=

7+7=

2+6=

1+8=

11+2=

5+2=

5+5=

3+8

6+6=

ZOO

# LES DÉTECTIVES

| I | S | C | O | M | P | L | I | C | E |
|---|---|---|---|---|---|---|---|---|---|
| N | E | O | N | I | O | M | E | T | C |
| T | D | O | U | T | E | U | X | E | A |
| E | S | U | S | P | E | C | T | M | C |
| R | F | P | C | U | C | E | R | S | I |
| R | E | I | E | R | U | O | U | A | P |
| O | C | V | T | Q | I | I | N | L | S |
| G | A | E | N | O | V | M | I | I | R |
| E | R | E | N | R | M | T | E | B | E |
| R | T | E | E | C | I | D | N | I | P |

ALIBI
AVEU
COMPLICE
CRIME
DOUTEUX
ENQUÊTE
INDICE
INTERROGER
MOTIF
PERSPICACE
SOUPÇON
SUIVRE
SUSPECT
TÉMOIN
TRACE

(Mot de 9 lettres)

# D'UN POINT À L'AUTRE

RÉSOUS LES SOUSTRACTIONS, PUIS RELIE LES POINTS
SELON L'ORDRE CROISSANT.

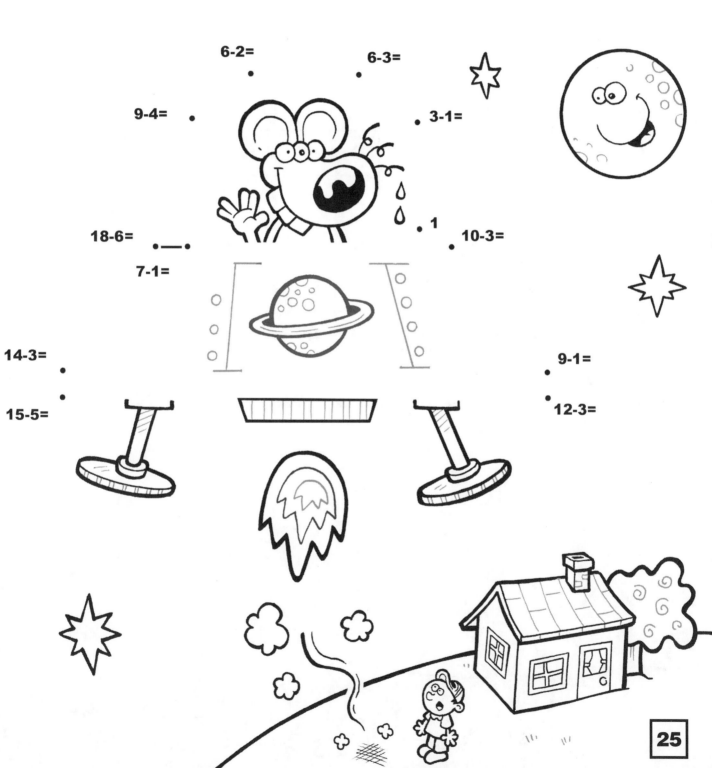

6-2=

6-3=

9-4=

3-1=

18-6=

7-1=

1

10-3=

14-3=

9-1=

15-5=

12-3=

# PAYS D'AFRIQUE

| M | E | T | H | I | O | P | I | E | A |
|---|---|---|---|---|---|---|---|---|---|
| A | N | G | O | L | A | E | A | N | T |
| N | O | B | A | G | G | D | A | O | A |
| T | E | A | S | Y | N | W | G | M | I |
| U | I | M | P | E | S | O | G | A | R |
| N | R | T | A | T | N | A | C | R | E |
| I | E | A | O | L | Y | E | S | O | B |
| S | G | B | C | N | I | A | G | C | I |
| I | L | R | E | G | I | N | R | A | L |
| E | A | K | I | W | A | L | A | M | L |

ALGÉRIE
ANGOLA
BOTSWANA
CONGO
ÉGYPTE
ÉTHIOPIE
GABON
KENYA
LIBÉRIA
MALAWI
MALI
MAROC
NIGER
SÉNÉGAL
TOGO
TUNISIE

(Mot de 10 lettres)

26

# LES MÉTIERS

| N | N | O | R | E | G | R | O | F | R |
|---|---|---|---|---|---|---|---|---|---|
| E | N | B | U | P | N | O | B | U | R |
| I | I | A | E | S | I | T | E | E | U |
| C | C | N | R | T | R | L | R | I | E |
| A | E | Q | U | C | A | I | O | E | T |
| M | D | U | S | H | M | N | N | T | N |
| R | E | I | S | I | U | N | E | M | E |
| A | M | E | A | V | O | C | A | T | P |
| H | B | R | I | G | A | D | I | E | R |
| P | L | O | M | B | I | E | R | E | A |

ARPENTEUR

ASSUREUR

AVOCAT

BANQUIER

BRIGADIER

FORGERON

HALEUR

MARIN

MÉDECIN

MENUISIER

PHARMACIEN

PILOTE

PLOMBIER

(Mot de 14 lettres)

☐ ☐ ☐ ☐ ☐ ☐ ☐ ☐ ☐ ☐ ☐ ☐ ☐ ☐

# TROUVE
# CINQ DIFFÉRENCES!

# LABYRINTHE

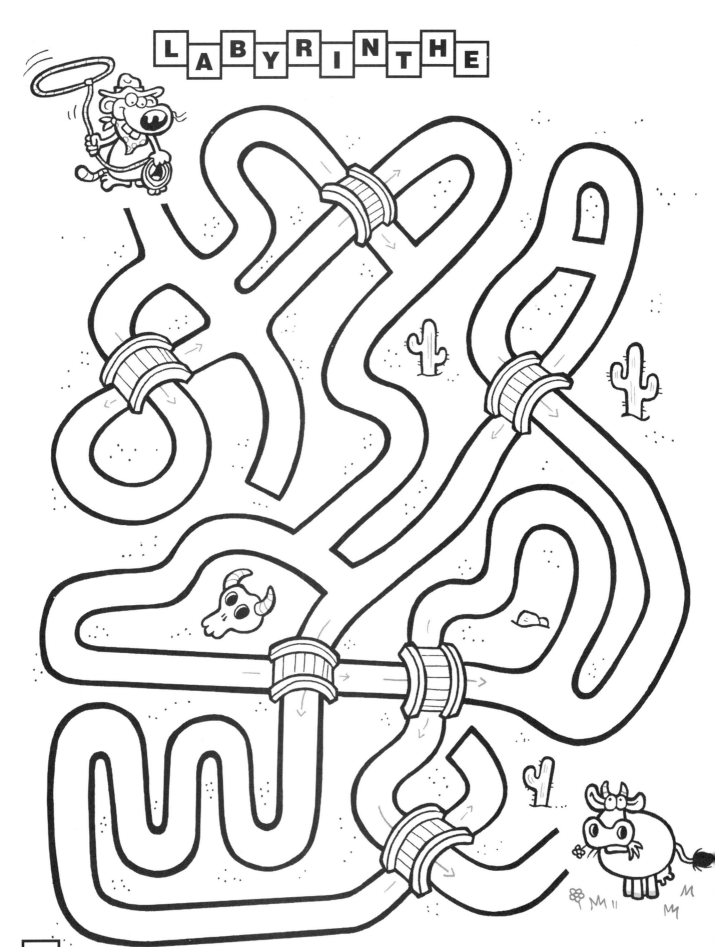

# COMMERCE

| T | R | E | G | I | S | N | A | R | T |
|---|---|---|---|---|---|---|---|---|---|
| N | E | D | I | T | N | E | G | R | A |
| A | U | B | A | I | N | E | E | S | R |
| L | Q | I | O | T | G | F | I | G | E |
| L | E | E | R | N | S | I | A | A | N |
| I | H | N | A | N | I | I | N | G | G |
| A | C | H | A | T | N | B | N | N | R |
| T | C | R | E | D | I | T | O | E | A |
| E | T | N | E | V | U | E | M | R | P |
| D | E | P | E | N | S | E | R | R | E |

ACHAT
ARGENT
AUBAINE
BIEN
BONI
CHÈQUE
CRÉDIT
DÉPENSER
DÉTAILLANT
ÉCHANGE
ÉPARGNER
GAGNER
GAIN
MONNAIE
TRANSFERT
TRANSIGER
VENTE

(Mot de 10 lettres)

☐ ☐ ☐ ☐ ☐ ☐ ☐ ☐ ☐ ☐

# D'UN POINT À L'AUTRE

## RELIE LES NOMBRES SELON L'ORDRE CROISSANT.

# FRANÇAIS

| E | E | C | O | F | I | T | C | A | F |
|---|---|---|---|---|---|---|---|---|---|
| E | X | U | E | I | L | R | M | A | I |
| P | C | P | B | T | P | U | F | I | T |
| O | L | R | R | C | P | T | E | G | A |
| T | A | O | E | E | A | U | M | U | R |
| A | M | N | V | J | S | F | I | T | E |
| M | A | O | D | D | S | S | N | N | P |
| O | T | M | A | A | I | O | I | I | M |
| N | I | O | S | E | F | R | N | O | I |
| O | F | T | N | E | C | C | A | P | N |

ACCENT

ACTIF

ADJECTIF

ADVERBE

AIGU

EXCLAMATIF

EXPRESSION

FÉMININ

FUTUR

IMPÉRATIF

LIEU

MOT

ONOMATOPÉE

PASSIF

POINT

PRONOM

(Mot de 8 lettres)

☐ ☐ ☐ ☐ ☐ ☐ ☐ ☐

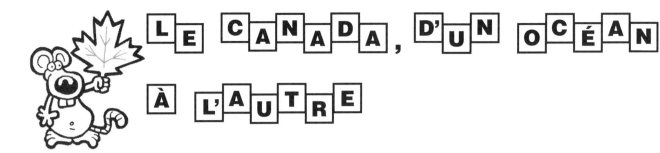

# LE CANADA, D'UN OCÉAN À L'AUTRE

**COMPLÈTE LES MOTS SUIVANTS EN TE SERVANT DES INDICES.**

| _ A _ EI _ _ | B _ _ FF | BE _ NA _ _ E |
|---|---|---|
| Énorme mammifère qui ressemble à un poisson | Petite ville touristique située dans les Rocheuses | Oie sauvage |

| _ Ô _ E _ | _ CE _ E _ _ | L _ _ X |
|---|---|---|
| Terrain couvert d'arbres | Bloc de glace qui dérive sur l'océan | Félin qui vit dans les montagnes canadiennes |

| _ UR _ | P _ _ C | P _ T _ _ LE |
|---|---|---|
| Animal dangereux qui adore le saumon | Territoire protégé | La plus grande richesse naturelle de l'Alberta |

| ST _ _ P _ DE | T _ T _ M | _ UKO _ |
|---|---|---|
| Festival d'été de Calgary | Statue de bois faite par les Amérindiens | Un territoire canadien |

CANADA

| B _ _ EN _ _ _ |
|---|

Voilier gravé sur les pièces de 10 cents

| _ AP B _ ET _ _ |
|---|

La plus grande île de la Nouvelle-Écosse

| CA _ N _ V _ _ |
|---|

Se déroule en février à Québec

| C _ T _ |
|---|

Falaise rocheuse qui longe la mer

| DR _ M _ ELL _ _ |
|---|

Cimetière de dinosaures situé en Alberta

| _ RA _ _ E |
|---|

On utilise sa sève pour faire du sirop.

| M _ _ T _ GN _ |
|---|

Endroit idéal pour faire du ski alpin

| N _ A _ _ RA |
|---|

Nom des plus grandes chutes du Canada

| _ UN _ V _ T |
|---|

Un nouveau territoire

| _ OR _ |
|---|

Endroit où les bateaux déchargent leur cargaison

**CHERCHE ENSUITE CES MOTS DANS LA GRILLE.**

| O | U | R | S | Y | C | E | X | E | G | E | N |
|---|---|---|---|---|---|---|---|---|---|---|---|
| B | N | D | U | T | L | R | N | N | R | A | I |
| E | E | K | T | B | A | G | A | E | Y | C | A |
| R | O | S | A | U | A | M | L | P | A | L | G |
| N | E | R | O | T | V | L | P | R | R | E | A |
| A | E | L | N | N | E | A | N | E | F | N | R |
| C | T | O | O | H | E | A | N | F | D | I | A |
| H | M | R | M | R | V | U | N | U | M | E | F |
| E | C | U | O | A | T | A | L | E | N | L | O |
| R | R | O | L | P | B | E | I | B | E | A | R |
| D | N | O | T | E | R | B | P | A | C | B | E |
| I | C | E | B | E | R | G | M | E | T | O | T |

(Mot de 11 lettres)

| | | | | | | | | | | |
|---|---|---|---|---|---|---|---|---|---|---|

# C'EST MA FÊTE

| C | G | R | I | G | N | O | T | I | N | E |
|---|---|---|---|---|---|---|---|---|---|---|
| A | R | C | A | D | E | A | U | I | M | S |
| G | N | O | L | C | N | S | N | E | U | A |
| U | G | A | U | I | T | V | N | R | J | R |
| I | A | Z | M | S | I | I | P | A | N | E |
| R | T | Z | I | T | T | R | V | O | D | R |
| L | E | I | E | V | I | I | L | I | E | O |
| A | A | P | R | S | R | L | L | S | T | C |
| N | U | A | E | P | A | H | C | L | A | E |
| D | I | R | E | B | C | A | R | T | E | D |
| E | R | I | R | P | R | É | S | E | N | T |

**ACTIVITÉ**
**AMI**
**BALLON**
**CADEAU**
**CARTE**
**CHAPEAU**
**CROUSTILLE**
**DANSE**
**DÉCORER**
**GÂTEAU**
**GRIGNOTINE**
**GUIRLANDE**
**INVITÉ**
**JEU**
**LUMIÈRE**
**PIZZA**
**PRÉSENT**
**RIRE**
**SURPRISE**

(Mot de 12 lettres)

☐ ☐ ☐ ☐ ☐ ☐ ☐ ☐ ☐ ☐ ☐ ☐

# TROUVE CINQ DIFFÉRENCES!

# LABYRINTHE

38

# VÉLO DE MONTAGNE

| N | N | P | R | O | T | E | C | T | I | O | N |
|---|---|---|---|---|---|---|---|---|---|---|---|
| I | O | E | E | V | U | E | R | P | E | A | E |
| E | I | D | U | E | T | I | R | U | C | E | S |
| R | T | E | R | Q | B | R | R | R | N | E | E |
| F | A | N | C | O | I | E | O | N | A | S | S |
| C | S | D | S | I | G | N | O | C | S | I | E |
| A | N | S | E | N | C | D | H | E | H | B | N |
| S | E | A | A | P | N | R | T | C | O | E | T |
| Q | S | D | T | A | T | I | E | U | E | L | I |
| U | I | N | R | N | V | E | E | X | A | T | E |
| E | A | D | E | S | C | E | N | T | E | S | R |
| G | E | Q | U | I | P | E | M | E | N | T | E |

**ADEPTE**

**BOSSE**

**BOUE**

**CASQUE**

**DANGER**

**DESCENTE**

**ÉPREUVE**

**ÉQUIPEMENT**

**EXERCICE**

**FREIN**

**GANT**

**PROTECTION**

**RANDONNÉE**

**ROCHE**

**SAUT**

**SÉCURITÉ**

**SENSATION**

**SENTIER**

**TECHNIQUE**

**TERRAIN**

**VITESSE**

(Mot de 10 lettres)

☐ ☐ ☐ ☐ ☐ ☐ ☐ ☐ ☐ ☐

# SOLUTIONS

## MOTS MYSTÈRES

| Page 3 | GARAGE |
| Page 4 | PORTRAIT |
| Page 7 | CONCOMBRE |
| Page 8 | MODELAGE |
| Page 9 | AUTO |
| Page 13 | SQUELETTE |
| Page 15 | FICHIER |
| Page 16 | AFFLUENT |
| Page 18 | LUX |
| Page 19 | COURONNEMENT |
| Page 22 | DÉSASTRE |
| Page 24 | EMPREINTE |
| Page 26 | MADAGASCAR |
| Page 27 | OBSTÉTRICIENNE |
| Page 31 | DISTRIBUER |
| Page 33 | COMPOSER |
| Page 35 | GENDARMERIE |
| Page 36 | ANNIVERSAIRE |
| Page 39 | ADRÉNALINE |

## MOTS TROUÉS

**Page 19**
ARMOIRIES
CÉRÉMONIE
CHEVALIER
COUR
ÉCURIE
PALAIS
PONT-LEVIS
PRINCESSE
RÈGNE
REINE
SCEAU
SUJET
TOUR
TRÔNE
TUTEUR

**Pages 34 et 35**
BALEINE
BANFF
BERNACHE
BLUENOSE
CAP BRETON
CARNAVAL
CÔTÉ
DRUMHELLER
ÉRABLE
FORÊT
ICEBERG
LYNX
MONTAGNE
NIAGARA
NUNAVUT
OURS
PARC
PÉTROLE
PORT
STAMPEDE
TOTEM
YUKON

## TROUVE CINQ DIFFÉRENCES!

**Page 5**
FEUILLE DE LA BRANCHE DU HAUT
GÂTEAU SUR L'ASSIETTE
FEUILLE PRÈS DU PIED DE LA SOURIS
FEUILLE SUR LE TRONC À DROITE
NOMBRIL DE L'ÉCUREUIL

**Page 29**
QUEUE DE LA CAROTTE
CHEVEUX DU GARÇON
BOUTON DU BONHOMME DE NEIGE
FOULARD DU BONHOMME DE NEIGE
BOUCHE DU BONHOMME DE NEIGE

**Page 37**
NUAGES
SOURIRE DE LA FLEUR
GOUTTE PRÈS DE LA PLANTE
ORTEIL DE LA SOURIS
NEZ DE LA SOURIS

## D'UN POINT À L'AUTRE

**Page 10**
ABEILLE
PAPILLON
VER DE TERRE

**Page 11**
MOUSTIQUE
CHAUVE-SOURIS
TORTUE

40